AF358987

LETTRE D'HELOISE, A ABAILARD.

A AMSTERDAM,

Chez PIERRE CHAYER.

M. DC. XCIII.

AU LECTEUR.

POUR bien entendre cette Lettre, il faut savoir qui étoit Abailard, & qui étoit Heloïse, & en quel commerce ils étoient l'un avec l'autre.

Abailard vivoit l'an 1170, sous le Regne de Loüis le Jeune. Cet homme fut fameux par son esprit & par sa galanterie. On le dit inventeur de la Philosophie Scolastique, qui est un fort dificile amusement : & d'autres lui atribuent le Roman de la Rose, qui est une description fort agreable de l'Amour. Ce Roman, qu'on

lis encore, & cette Philosophie
qu'on professe aujourd'hui, pourroient nous en donner une assez
belle idée. Il avoit une netteté
d'esprit surprenante, une grandeur
d'ame que rien ne pouvoit abatre,
une capacité qui s'étendoit à tout,
de la delicatesse dans les passions,
de la fermeté dans les malheurs.
Enfin, toutes ces choses, qui font
la meilleure partie des grands
hommes, font le portrait d'Abailard.

Heloïse étoit une fille de qua-
lité, âgée de dix-huit ans, vive,
d'un esprit brillant & enjoüé, &
d'une beauté à toucher les plus in-
sensibles. Ses parens, qui étoient
riches, voulurent soûtenir des a-
vantages si considerables par une
éducation extraordinaire; & comme Abailard étoit dans ce tems-là
en reputation d'être le plus habile
homme de l'Europe, on le pria de

lui vouloit donner ses soins. Il y consentit, & si-tôt qu'il la vit il en devint amoureux. Il auroit été difficile de s'en défendre, suivant le portrait qu'il en fait luy-même, sous le nom de la Beauté, dans le Roman de la Rose. L'Amour est aisée à persuader à une fille, sur tout à l'âge de dix-huit ans. Le Maître en parla si bien à son Ecoliere, qu'il n'eût pas de peine à lui inspirer sa passion. Un Philosophe amoureux n'est pas plus sage qu'un autre, & quelque envie qu'il ait de ne se point commettre, pour conserver sa réputation, tôt ou tard il fait une faute que tout le monde blâme, & que tous les hommes feroient comme luy.

Fulbert, Chanoine de l'Eglise de Paris, Oncle d'Heloïse, dont l'étroite amitié avec Abailard n'avoit pas peu contribué à reduire ce

sçavant homme à enseigner sa Niè-
ce, sçut des premiers que l'esprit
de cet habile Maître n'occupoit
plus toutes leurs conferences, &
qu'on y parloit si naturellement de
tendresse, que cette Philosophie
auroit bien-tôt des suites.

Outré d'un malheur qu'il avoit
innocemment suscité à sa famille,
il résolut de s'en vanger avec
éclat. Pour prévenir ses menaces,
Abailard épouse Heloïse clandesti-
vement, & promet de l'épouser
publiquement quand sa famille y
consentira. Ces precautions, ni
ces promesses n'adoucirent point
la vangeance de l'Oncle. Il cor-
rompt un Domestique d'Abailard
pour laisser entrer dans la cham-
bre de son Maître endormi un
assassin, qui, le rasoir à la main,
s'approchant de son lit, separa
tout d'un coup l'Homme du Ga-
lant. Cette action étoit trop tragi-

que pour demeurer impuni. Par
Arrêt l'Oncle emperdit ses biens,
& l'Assassin fut condamné à perdre les yeux, & à souffrir sur luy
par les mains du Bourreau, ce
qu'il avoit osé sur un autre. Aprés
un tel malheur, nôtre Philosophe
pour prendre des mesures conformes au pitoyable état où il se trouvoit, se retire parmi des Moines
& fait entrer Heloïse dans un
Convent. Soit par jalousie ou par
amour, il l'engagea de faire profession avant qu'il se fut determiné luy-même de faire des vœux.
Cependant, pour soûtenir sa réputation, il expliquoit les Actes des
Apôtres aux Moines de l'Abbaye
de S. Denis, où il s'étoit enfermé:
& par accident ou par caprice il lui
échapa de soûtenir que S. Denis
l'Areopagite n'étoit point venu en
France. Alors, par un sentiment
contraire aux intérêts des Moines

A 4

on passoit pour Apostat, pour heretique, ou pour Albigeois. La Science n'autorisoit rien & les gens d'un
esprit un peu éclairé, ou de quelque étenduë, si-tôt qu'ils en étoient
soupçonnez, n'avoient point d'autre parti à prendre que celuy d'un
exil volontaire, pour se soustraire
à la persecution publique des gens
de Communauté.   S. Bernard se
déclara aussi contre Abailard, non
pas par la même raison, mais parce que tant d'esprit lui fut suspect
avec une conduite si mondaine.
Il l'éclaira de prés, croyant que
cét esprit devoit être gâté, le cœur
n'en étant pas pur.

Durant cét orage, Abailard qui
avoit tout ce qu'il faut pour faire
un grand homme, mais qui n'é-
toit pas assez parfait pour être un
Saint, aigri de tant de malheurs,
fuit les Moines, & se retire dans
un desert proche Nogent. Les Sco-

vians étoient rares en ce Siécle, &
le desir de sçavoir commençoit à se
faire sentir. On chercha nôtre Exi-
lé, on le découvrit ; & on le com-
bla de liberalitez pour écouter ses
leçons. Ces presens furent assez
considerables pour lui donner mo-
yen de bâtir une maison & une
Chapelle, qu'il dédia sous le nom
de Paraclet, qui est la premiere en
France qui ait porté ce nom. C'é-
toit une nouveauté qui pouvoit
avoir des consequences, quoi que
ce ne fut dans le fond qu'un témoignage comme Dieu l'avoit con-
solé dans cét endroit par une aplication plus serieuse à l'étude, &
par un détachement plus entier de
sa Maitresse. Mais les gens de merite pour être retirez ne sont pas
à couvert de l'envie. A peine étoit-
il établi dans sa Solitude qu'on
l'accusa de cabaler. Pour se justifier
il demanda à en sortir, & suplia

l'Evêque de Troye, de ... qu'il y mit quelques Filles, pour leur abandonner son Oratoire & ses biens. Cet établissement permis, il y apella Heloïse pour gouverner ce Monastere: & le lux ayant ... se retira, heureux ... toûjours la fuyr. Durant cet éloignement, une lettre qu'il écrivoit à un de ses amis proche le Paraclet tomba par hazard entre les mains de nôtre nouvelle Abbesse. Elle n'auroit pas été Femme ... si elle n'avoit été curieuse. Elle l'ouvrit, & de là elle prend occasion de luy écrire, & de luy mander, s'il est d'un Amant délicat de la laisser en proye aux fausses idées qu'un long silence peut lui donner.

LETTRE

D'HELOISE,

A

ABAILARD.

O N m'aporta par ha-
zard , il y a quelques
jours , une Lettre de
consolation que vous écriviez
à un de vos amis. Comme j'en
reconnus le caractere , & que
j'en aimois la main , je l'avoüe,
mon cœur d'intelligence avec
ma curiosité me força à l'ouvrir. Pour me rassurer dans la
liberté que je prenois , je me
flatai du droit souverain que
je dois avoir sur tout ce qui

vient de vous , & je fis fcru-
pule de croire qu'il y eût des
des Loix de bien feance que je
dûſſe obſerver quand il s'agiſ-
foit d'aprendre des nouvelles
de ce que vous feſiez. Mais,
que ma curioſité me coûta de
larmes & que je fus ſurpriſe
de ne trouver dans cette Lettre qu'un trifte & long détail
de vos malheurs. J'y vis cent
fois mon nom. Je ne le trouvois qu'avec crainte. Toûjours
quelque infortune le ſuivoit.
J'y lûs le vôtre qui n'étoit pas
plus heureux. Ces funeſtes &
cheres idées m'agiterent ſi vio-
lemment, que je crûs que c'é-
toit trop conſoler un ami, à
qui vous écriviez pour quel-
quelques legeres diſgraces, que
de lui dépeindre nos traverſes
& nôtre infortune. Quelles
reflexions ne fis-je point ! Je

commençai à me considerer tout de nouveau. Je me sentis saisie de la même douleur qui m'accabla lors que nous commençâmes à être malheureux, & quoi que le tems eût dû diminuer ces peines, n'étoit-ce pas assez de les lire écrites de vôtre main pour les sentir, comme la premiere fois, passer jusqu'au fond de mon cœur ? Non, rien ne pourra jamais éfacer de mon esprit ce que vous avez souffert pour défendre vos sentimens. Je me souviendrai de toute l'envie d'Isberic & de Lotulce. Je verray tous les momens de ma vie un Oncle cruël, un Assassin barbare, un Amant accablé du plus grand des malheurs ; & je n'oublieray pas combien vôtre esprit vous attiroit d'ennemis, & vôtre gloire de Jalous. Je me

representerai sans cesse cette
haute reputation si justement
aquise, en proye aux Demi-
Sçavans , genre d'hommes
cruels & inexorables. On con-
damnoit vos livres de Theo-
logie au feu. On menaçoit vôtre personne d'une prison per-
petuelle. Vous protestez en
vain qu'on vous suposoit des
choses ausquelles vous n'aviez
jamais pensé , & que vous con-
damniez vous-même. On vous
traitoit d'heretique. Quel scandale ne fit-on point sur le nom
de Paraclet que vous donnâtes
à la Chapelle que vous faisiez
bâtir ? Qu'elle tempête n'ex-
citerent point contre vous ces
traitres Religieux , que vous
honorez du nom de Freres
dans vôtre Lettre? Cette longue suite de tant de malheurs ,
que la verité & des termes na-

rurels rendoient fenfibles, m'a
tiré du fang du cœur. Mes
larmes ont éfacé quelques lignes de vôtre Lettre. J'aurois
fouhaité en effacer de même
tous les caracteres; mais on
vint me la redemander trop
tôt. Il est vray, & je vous
le confesse, qu'avant que de
l'avoir lûë j'étois plus tran-
quille. Si-tôt que je lûs par-
coûtuë, ma douleur se ré-
veilla. C'est trop, dis - je,
avoir été fans me plaindre,
& puis que la rage de vos ennemis est encore vivante,
que le tems, qui desarme les
haines les plus cruelles, ne
les adoucit point, puis qu'il
faut que vôtre vertu soit per-
secutée jusqu'au tombeau, où
cette fureur aveugle ira peut-
être encore agiter vos paisi-
bles cendres, je veux avoir fans

celle devant les yeux vos dif-
graces : je les publieray par
tout pour faire honte à ce
Siecle ingrat qui ne vous a
pas connû : je n'épargneray
rien, puis que rien ne se veut
déclarer pour vous, & qu'on
ne veut point se lasser d'acca-
bler un innocent. Quoy!
sans cesse la mémoire pleine
de mes malheurs passez, j'ap-
craindray encore de nou-
veaux ? Trembleray-je toûjours pour vos jours ? Ne
parlera-t'on plus chez nous
de mon cher Abailard que
la larme à l'œil ; & son nom
ne se prononcera-t'il jamais
qu'avec un soûpir ? Voyez,
je vous prie, l'état où vous
m'avez reduite, triste, af-
fligée, & sans aucune consolation, si elle ne vient de
vous. Ne me la refusez pas,
je

je vous en conjure ; & fai-
tes-moy un détail fidelle de
tout ce qui vous regarde. Quelque douloureux qu'il soit ;
peut-être qu'en confondant
mes soûpirs avec les vôtres ,
vous en souffrirez moins , s'il
est vray , comme on le dit ,
que les peines qui sont parta-
gées deviennent plus legeres.
Ne nous dites pas pour ex-
cuse , que vous voulez ménager nos pleurs. Des larmes
des Filles renfermées dans un
triste asile de la Pénitence sont-
elles à ménager ? Et d'ailleurs,
si vous vouliez attendre à
nous mander des choses agréa-
bles , vous attendriez trop.
La fortune se range dificile-
ment du parti des hommes ver-
tueux. Elle n'a pas d'assez
bons yeux pour demêler un
Sage dans une foule de Peuple,

B

Elle est trop aveugle. Ecri-
vez-nous sans attendre de ces
miracles ; ils sont trop rares. Ce me sera, je vous
l'avoüeraï, toute ma vie,
quelque chose de bien doux
d'ouvrir une de vos Lettres.
C'est de cette espece de joye
que Seneque, que vous m'a-
vez fait lire, se laissoit toucher quand il en ouvroit une
de Lucile. Il assure qu'il
n'en recevoit point qu'il ne
ressentit le même plaisir que
lors qu'ils étoient ensemble,
& j'ay remarqué, depuis
vôtre absence, que nous
sommes plus attachez aux
portraits des personnes que
nous aimons, lors qu'un
long voyage les éloigne de
nous, que lors qu'elles sont
proches. Il semble que durant leur absence cette pein-

ture en devienne meilleure,
Du moins , nôtre imagina-
tion , qui se les peint sans
cesse , dans le desir de les
revoir , la rend plus res-
semblante ; & par un effet de
l'amour on trouve comme vi-
vant ce qui ne sera que de vaine
couleurs & un peu de toile
quand l'objet aimé sera de re-
tour. J'ay vôtre portrait, je
ne passe jamais devant sans m'y
arréter , & quand vous étiez
ici , à peine y portois-je ma
vûë. Si la peinture , qui n'est
qu'une representation muette
des objets , donne tant de plaisir , qu'elle joye n'inspirent
point les lettres ? Elles sont ani-
mées , elles parlent , & portent
avec elles cét esprit qui expli-
que les mouvemens du cœur.
Elles renferment en elles le feu
de nos passions. Elles disent tout

ce qu'on peut se dire quand on
est ensemble, & quelquefois
plus hardies, elles en disent davantage. Nous pouvons nous
écrire. Un plaisir si innocent
ne nous est point interdit. Ne
perdons pas par nôtre negli-
gence le seul bien qui nous reste. Je diray que vous êtes
mon Epoux. Vous me verrez
parler en Epouse; & malgré
tous vos malheurs vous ferez
dans une lettre tout ce que vous
voudrez être. C'est pour soulager des personnes enfermées
comme moy, que les Lettres
sont inventées. Ayant perdu
le plaisir effectif de vous voir
& de vous posseder, je l'y re-
trouveray en quelque maniere.
Je liray vos sentimens les plus
secrets. Je les porteray sans
cesse sur moy, & les baiseray
à tous momens. Enfin, si

vous êtes capable de quelque jalousie , que ce soit seulement pour les caresses que je leur feray ; & ne soyez rival que du bonheur de vos Lettres , pour ne vous point faire de peine. Ecrivez moy sans aplication & avec négligence. Je veux que vôtre cœur parle, & non pas vôtre esprit. Je ne sçaurois vivre si vous ne me dites que vous m'aimez. Ce langage vous doit être si naturel que je ne crois pas que vous m'en puissiez tenir un autre sans vous faire beaucoup de violence ; & d'ailleurs , il est bien juste que vous renfermiez avec quelques nouvelles marques d'un amour constant, les playes que vous avez r'ouvertes dans mon ame, pour le détail que vous fesiez à vôtre ami en voulant fermer les siennes. Ce n'est pas que

je vous reproche l'innocent ar-
tifice dont vous vous êtes ser-
vi pour consoler un affligé, en
comparant sa misere à une plus
grande. La charité est inge-
nieuse & loüable dans ses pieux
détours. Mais, ne nous de-
vez-vous point quelque chose
de plus qu'à cét Ami ? On
nous appelle vos Sœurs ; nous
nous difons vos Filles : & s'il
y avoit dans la Nature des termes qui puffent encore nous at-
racher davantage à vous, nous
nous en servirions pour vous
marquer nôtre dévoüëment,
& p ce que vous nous devez.
Quand un lâche silence cou-
vriroit nos justes reconnoif-
fances, cette Eglise, ces Au-
tels, ces lieux en diroient as-
fez. Mais sans laisser parler
ny les pierres ny les marbres,
je confeffe que vous êtes le seul

& l'unique Fondateur de cette
maison.   Tout ce qui est icy
est vôtre ouvrage.   C'est vous
qui avez rendu célébre par vôtre abord une solitude affreuse
qui ne l'étoit que par des meur-
tres & des brigandages, &
qui avez fait une maison de
prieres d'une retraite de vo-
leurs & de bêtes feroces. Ces
cloîtres ne doivent rien aux
aumônes publiques, ny aux
liberalitez des Rois. Le Dieu
que nous y servons n'y voit
que vos innocentes richesses &
de simples Filles dont vous
avez rempli ces lieux. Ainsi,
c'est à vous que ce jeune plan-
tage doit tout ce qu'il est. C'est
à vous à y donner vos soins.
Quoy que la grace de la vocation semble être icy asseurée de
toutes parts par une clôture &
des vœux; quoy que les poin-

tes de nos grilles, comme des épines, en défendent les approches, il n'y a que l'écorce qui soit couverte en nous. Cette seve d'Adam, qui monte imperceptiblement jusques au cœur, produit des maladies qui rongent & qui desseichent les arbres qui promettoient le plus, si on ne les cultive sans cesse. La vertu parmy nous reste toûjours entée sur la nature & sur la Femme. L'une est bien foible, & l'autre bien changeante. Planter la vigne du Seigneur n'est pas un petit ouvrage. Il y faut donner plus d'un jour. L'Apôtre, tout grand Ouvrier qu'il fut, ne dit-il pas, j'ay planté, Apollos a arrosé, & Dieu a beni nôtre ouvrage ? Paul par sa prédication, avoit planté la Foy parmy les Corinthiens, Apollos,

los , le Disciple zelé de ce
grand Maître , entretenoit &
fortifioit cette Foi par de fain-
tes exortations ; & la grace
de Dieu follicitée par des foins
continuels à décendre fur ce
Peuple ne trompoit point l'at-
tente de l'Apôtre ni du Di-
fciple. Cet exemple ne doit-
il pas regler la conduite que
vous devez tenir à nôtre é-
gard ? Je fai que vous n'êtes
pas oifif ; Mais , fi vous tra-
vaillez, ce n'eft pas pour nous.
Vos foins & vos inftructions
font pour des cœurs endur-
cis & rebelles qui n'en veu-
lent point profiter. Vous jet-
tez devant des pourceaux des
richeffes de l'Evangile , &
vous négligez des brebis innocentes, délicates & dociles
qui vous fuivroient fur le
haut des montagnes. Pour-

C

quoi tant de peines pour des ingrats & des perfides ; & ne pas songer à vos Filles ? Est-ce que je dois craindre de parler en mon nom, & dois-je employer, pour vous toucher, d'autres prieres que les miennes ? Les Augustins, les Tertulliens & les Jerômes ont écrit à des Paules, à des Eudoxes & à des Melanies ; & quand vous lisez ces noms, quoi qu'ils soient Saints, oubliez-vous le mien pour être une Pecheresse ? Seroit-ce un crime pour vous de me former à la vertu avec S. Jerôme ; de me prêcher la severité avec Tertulien ; de me parler de la Grace avec S. Augustin? Vôtre science ne doit pas être un bien sterile & sans fruit. En m'écrivant vous écrivez à une Epouse. Un Sa-

crement a rendu ce commerce sans scandale ; & s'il n'est
pas assez assuré par des vœux,
qu'on peut quelquefois negli-
ger, j'ay eu un Oncle, un
barbare, dont l'inhumanité
sert de rempart à tout ce que
la tendresse & le souvenir de
nos plaisirs pourroient nous
inspirer. Vous n'êtes plus à
craindre : ne me fuyez point:
écoutez mes soûpirs. Il sufit
que vous en soyez le témoin.
Si je suis dans un Cloître par
raison persuadez-moy d'y demeurer par devotion. Vous
faites tout mon mal, un autre pourroit-il le soulager? Si
vous vous souveniez, (hé !
de quoi ne se souviennent
point ceux qui ont aimé ?)
comme je passois les journées
à vous attendre, comme je
me dérobois à tout le monde

pour vous écrire, quelles in-
quiétudes me coûtoit un billet jusqu'à ce qu'il fût venu
entre vos mains, que de mé-
nagemens il faloit avoir pour
vous voir, & pour mettre
des gens dans nôtre confiden-
ce. Ce détail vous surprend,
vous craindrez d'en entendre
la suite ; mais je n'ens rougis
plus depuis que ma tendresse
n'a plus eu de bornes pour
vous. J'ai plus fait que tout
cela aujourd'huy. Je me suis
hâte pour vous aimer. Je suis
venuë ici me perdre pour
vous laisser vivre sans inquie-
tude. Il n'y a que la vertu
jointe à un amour dégagé du
commerce des sens qui puisse
produire de tels éforts. Le
vice n'en est pas capable.
Quand on aime le plaisir, on
aime les vivans & non pas

les morts ; & l'on cesse de
brûler pour ceux qui ne sont
pas en état de répondre à
nôtre ardeur. Mon cruel Oncle l'avoit ainsi pensé. Il s'i-
maginoit que ¡ semblable aux
autres Femmes j'aimois vôtre
sexe plûtôt que vôtre personne. Son crime a été inutile.
Je vous aime , & me vange
de lui en vous accablant de
toute ma tendresse. Si autrefois l'affection que j'ai euë
pour vous n'a pas été aussi
pure qu'elle est presentement:
si en ce tems-là l'esprit & le
corps partageoient en moi le
plaisir de vous aimer, (je vous
l'ai dit mille fois,) j'ai toûjours été plus contente de
posseder vôtre cœur que tout
ce qui fait la felicité de nôtre
Sexe ; & dans vous l'homme
n'étoit pas ce qui me flatoit

le plus. Vous en devez être
affez perfuadé par cette re-
pugnance que je vous témoi-
gnois pour le Mariage. Quoi
que je connuffe bien que le
nom de Femme étoit augufte
parmi les hommes, & faint
dans la Religion, je trouvois
plus de charmes dans celuy
d'Amie, parce qu'il étoit plus
libre. Les chaines du Mariage, quelque honorables qu'elles foient, portent avec elles
un attachement neceffaire,
dont les nœuds femblent ra-
vir la gloire d'aimer ; & je
voulois éviter la neceffité d'aimer un homme qui peut-être
ne m'aimeroit pas toûjours.
Ainfi je méprifois ce nom de
Femme pour vivre heureufe
avec celui de Maîtreffe. Ces
delicateffes d'une Fille, qui
vous aimoit avec tant de ten-

dreſſe, & moins encore qu'elle, ne ſouhaitoit, ne vous ſont
pas échapées, puis que vous
en entretenez vôtre Ami dans
cette Lettre que j'ai ſurpriſe.
Vous lui diſiez ſi bien que je
trouvois inſipides ces enga-
gemens publics qui forment
des nœuds que la mort ſeule
peut rompre, & qui font
une triſte neceſſité de la vie
& de l'amour. Mais, vous
n'ajoûtiez pas que cent fois
je vous ay proteſté qu'il m'é-
toit plus doux de vivre avec
Abailard comme ſa Maîtreſ-
ſe, que d'être Imperatrice;
& qu'il y avoit pour moy
plus de bonheur à vous obeïr
qu'à captiver légitimement le
Maître de toute la terre. Les
richeſſes & les grandeurs ne
font point le charme de l'A-
mour. La veritable tendreſſe

sçait separer de l'Amant tout
ce qui n'est pas lui - même,
& mettre à part sa fortune,
son rang , & ses emplois ,
pour le considerer seul. Ce
n'est pas aimer que de vou-
loir du bien & des dignitez
dans les embrassemens tiedes
d'un Mari indolent. C'est
chercher dans un Mariage si
médité dequoi contenter son
ambition plûtôt que son cœur
Je veux que cet attachement
mercenaire soit suivi de quelques honneurs & de quelques
biens ; Mais , je ne croiray
jamais qu'on goûte ainsi les
plaisirs sensibles d'une douce
union , ny qu'on sente ces é-
motions secrettes & charman-
tes de deux cœurs qui se sont
long-tems cherchez pour s'u-
nir. Ces Martirs du mariage
soûpirent sans cesse pour de

meilleurs établissemens qu'ils
croyent leur être échapez.
La Femme voit des Maris
plus considerez que le sien ;
Le Mari des Femmes plus riches que la sienne. Ces vûës
interessées font naître des regrets , & ces regrets la dis-
corde. On veut se quitter ;
du moins on le souhaite. Ce
desir inquiet & devorant est
le vangeur de l'amour , qu'on
a offencé en croyant trouver
par l'amour d'autres biens
que l'amour même. S'il y a
quelque aparence de felicité
ici bas , je suis persuadée qu'-
on ne la trouve que dans l'as-
semblage de deux personnes
qui s'aiment avec liberté , qu'-
un secret panchant a joint ,
& qu'un merite reciproque a
rendu satisfait. Alors il n'y
a point de vuide dans leur

cœur, tout y eſt en repos,
parce que tout y eſt content.
Si je vous croyois auſſi per-
ſuadé de mon merite, que je
le ſuis du vôtre, je vous di-
rois qu'il a été un tems qu'on
pouvoit vous mettre de ce
nombre. Et comment n'au-
rois je pas été perſuadée de
vôtre merite ? Quand j'en
aurois voulu douter, l'eſtime
univerſelle m'auroit détermi-
née en vôtre faveur. Y a-t'il
un Païs, une Province, une
Ville, qui ne vous ait ſouhai-
té ? Vous retiriez-vous ſans
qu'on vous ſuivit du cœur &
des yeux ? Tout le Monde
ſe faiſoit un plaiſir de pouvoir dire, j'ai vû aujourd'hui
Abailard. Les Femmes mê-
me du plus haut rang, malgré les Loix de bien-ſeance,
qu'un Monde Tiran leur a

impofées , témoignoient affez qu'elles fentoient pour
vous quelque chofe de plus
qu'une fimple eftime. J'en ai
connu dont les Maris étoient
fort aimables , qui neanmoins
étoient jaloufes de mes joyes,
& qui marquoient affez que
rien ne vous auroit été im-
poffible auprés d'elles. Auf-
fi , qui auroit pû tenir contre vous ? Vôtre reputation,
qui flatoit la vanité de nôtre
Sexe , vôtre air , vos manieres , ces yeux vifs où le de-
dans de vôtre ame étoit ad-
mirablement dépeint , les
charmes de vôtre voix , de vôtre converfation , ce tour in-
finuant & perfuafif , cette
fimplicité facile & delicate ,
tout en vous parloit en vôtre
faveur. Bien different de ces
Savans , qui pour en favoir

trop n'en savent pas assez
pour badiner agreablement,
& qui avec tout leur esprit
ne sauroient se faire aimer
des Femmes , avec quelle fa-
cilité ne faisiez-vous point
des vers ? Cependant , ces
bagatelles , qui ne servoient
qu'à vous delasser d'une étude plus serieuse , faisoient
tout le plaisir & les delices
des gens de meilleur goût ; &
parmi eux il n'y en a point
qui ne vous juge digne de cette Rose que vous nous avez
si ingenieusement expliquée.
On voit dans les moindres
Chansons que vous avez fai-
tes pour moi, des agréemens
& des beautez à les faire du-
rer tant qu'il y aura des A-
mans & des Maîtresses. Ainsi, on chantera pour d'autres
ce que vous avez crû ne faire

que pour moi ; & ces paroles naturelles & mesurées,
qui étoient le témoignage de
vôtre amour dans ces petits
vers & ces chansonnettes, ser-
viront à d'autres pour s'expli
quer beaucoup mieux qu'ils
n'auroient pû faire. Que ces
galanteries m'ont fait de Ri-
vales ! Combien de Belles ont
voulu se les aproprier ! C'étoit
un hommage que leur amour
propre rendoit à leur beauté. Que j'en ai vû se déclarer
pour vous par un soûris fla-
teur, lors qu'on leur disoit,
aprés une simple visite que
vous leur aviez renduë, qu'elles étoient la Silvie de vos
Chansons ! D'autres, par desespoir, m'ont reproché que
je n'avois de beauté que celle
que vos vers me donnoient,
ni d'autres avantages sur el-

les que celui d'être aimée de
vous. Le croirez-vous ? Malgré le fond d'amour propre
qui est dans toutes les Femmes , je m'estimois heureu-
se d'avoir un Amant à qui je
devois tous mes agréemens ;
& je me faisois un plaisir secret d'être servie par un Homme , qui , quand il lui plai-
soit , de sa Maîtresse pouvoit
faire une Déesse. Flatée de
vôtre gloire je lisois avec com-
plaisance tout ce que vous me
donniez d'attraits , & sou-
vent , sans me consulter , je
me croyois telle que vous me
dépeigniez , pour pouvoir
plus surement vous plaire.
Mais , où est le tems dont je
parle ? Je pleure à present
mon Amant , & de toutes
mes joyes il ne me reste plus
qu'un souvenir qui m'acable.

Vous qui fûtes jalouses de mon bonheur, aprenez que celui que vous m'enviez n'est plus ny pour vous ny pour moi. Je l'ai aimé : mon amour a fait son crime & causé son suplice. Ces foibles attraits que je possede l'avoient charmé. Contens l'un de l'autre nous vivions heureux, & nous passions tranquillement les plus beaux de nos jours. Si c'est un crime de vivre ainsi, ce crime me plaît encore, & je n'ai d'autre desespoir que de rester innocente. Mais mon malheur est d'avoir eu des Parens inhumains, dont la haine & la rage ont troublé le calme heureux où nous étions. Si ces Barbares eussent rapellé leur raison, je serois presentement en paix auprés de mon Epoux. Qu'ils furent

cruels, lors que leur aveugle
fureur pressa un Assassin de
vous surprendre dans le som-
meil! Pourquoi n'étois-je pas
avec vous ? Je vous aurois
défendu aux dépens de mes
jours. Mes cris, mes seuls
cris auroient arrêté son bras.
Mais en cét endroit l'amour
est offensé. Ma pudeur &
mon desespoir m'ôtent la parole : Aussi bien y a-t'il une
éloquence à se taire. Dites-
moi seulement pourquoi vous
avez commencé à me négli-
ger aprés ma profession, où
vous sçavez que je n'ai apor-
té d'autre disposition que celle de vos malheurs, ni d'autre
vocation que celle de vôtre
volonté. Quel peut être le
sujet de vôtre froideur ? Ne
seroit-ce point que la seule
vûë du plaisir vous auroit
apro-

aproché de moi ; & que ma
tendresse, qui ne vous laissoit
plus rien à souhaiter, auroit
ralenti vos feux ? Tu as plû,
mal-heureuse, quand tu ne
voulois plaire. Tu meritois
des soins quand tu devois les
rejetter, & de l'encens quand
tu éloignois le bras qui te l'of-
froit. Mais depuis que ton
cœur s'est amolli, qu'il s'est
laissé toucher, qu'il s'est rendu, depuis que tu t'es sacri-
fiée & immolée, on te negli-
ge. Une triste experience m'a
fait connoître qu'on fuit ceux
à qui on a trop d'obligation;
& que le comble des faveurs
attire plûtôt la froideur d'un
Amant que sa reconnoissan-
ce. Aussi ce lâche cœur s'é-
toit trop mal défendu pour
vous être cher long-tems.
Vous l'avez pris sans peine,

D

vous le rendez de même. Mais, ingrat, je n'i consent pas ; & quoi que je ne doive plus avoir ici de volonté, j'y ai conservé secrettement celle d'être aimée de vous. En prononçant mes tristes vœux j'avois sur moi le dernier Billet que vous m'aviez écrit, par lequel vous me protestiez que vous seriez toûjours tout à moi, & que vous ne viviez que pour m'aimer. Ainsi, je me suis offerte avec vous. Vous aviez mon cœur : j'avois le vôtre. Ne me redemandez rien, & souffrez ma passion comme une chose qui est à vous, & dont vous ne pouvez plus vous défaire. Helas ! qu'elle lâcheté de parler de la sorte ! On voit ici qu'un Dieu, & je ne parle que d'un Homme. Vous m'y forcez cruel & infidelle que vous êtes. Faloit-il tout d'un coup ne m'aimer plus ? Que ne me trompiez-vous quelque tems? Si vous m'ûffiez du moins donné quelque foibles témoignages d'une amitié mourante, j'aurois aidé à me tromper moi-même. En vain je vous veux croire capable de quelque conftance ; vous m'ôtez toute forte de moyens de vous excufer. On ne fauroit vivre plus long-tems fans vous voir. Si cela eft fi dificile, on fe contentera de quelques lignes de vôtre main. Eft-ce une fi grande peine d'écrire à ce qu'on aime ? On ne vous demande point de ces Lettres que vous chargez de vôtre reputation & de vôtre fcience. On ne veut que de ces Billets qui

échapent au cœur, & que la
plume a peine à fuivre, bien
loin que l'efprit fe mêle d'y
refléchir. Que je me fuis
trompée quand je vous ai crû
tout à moi en prenant ce voile, & en m'engageant à vivre éternellement fous vos
Loix ; car en faifant profef-
fion j'ai prétendu n'en point
faire d'autre que d'être à vous.
& je me fuis fait volontaire-
ment une neceffité du defir
que vous aviez de me voir
enfermée ! Il n'y a donc plus
que la mort qui me puiffe faire, abandonner un lieu où
vous m'avez placée. Encore
mes cendres y refteront-elles
pour attendre les vôtres, ou
pour vous marquer plus long-
tems mon obeïffance. Que
fert de cacher le fecret de ma
vocation ? Vous le fçavez ; ce

n'est ni mon zéle ni ma devotion qui m'ont transportée
dans un Cloître. Vôtre con-
science vous en est un témoin
trop fidelle pour oser en dif-
convenir. Oüi , la chair m'a
transportée ici , & non pas
l'esprit. J'y suis, j'y demeure,
j'y reste. Un amour malheureux & des Parens cruels m'i
condamnent. Si je n'ai pas la
continuation de vos soins , si
je perds vôtre amitié , quel
est le fruit de ma prison ?
Quelle recompense y a t'il à
esperer pour moi ? Car les
restes infortunez d'un amour
malheureux , & vôtre mal-
heur particulier m'ont revê-
tuë d'un habit chaste , & non
pas du desir sincere d'une veritable penitence. Ainsi , je
combats & travaille en vain.
Je suis parmi les Epouses d'un

Dieu, la servante d'un Homme ; parmi les genereuses esclaves de la Croix, la foible captive d'un amour humain. Je suis à la tête d'une Communauté dévoüée seulement à Abailard. Quel monstre ! M'éclairez-vous, mon Dieu ? Vôtre grace me fait-elle prononcer ces paroles, ou si mon desespoir me les arrache ? Du moins je me sens, dans le Temple de la chasteté, couverte seulement des cendres du feu qui nous a brûlez. Je m'i vois, je l'avoüe, comme une Pecheresse ; mais qui, bien loin d'y pleurer son Amour, n'y pleure que son Amant, & qui par une foiblesse indigne de l'état où je suis, rapelle sans cesse la memoire de ses fautes passées, ne pouvant en commettre de

nouvelles. Quel détail ! Je
me reproche mes pechez ; je
vous acuse des vôtres : & pour
quoi tout cela , voilée comme je suis ? En quel desor-
dre me jettez-vous ! Qu'il est
dur de combattre toûjours
pour son devoir contre son
inclination ! Je sçai ce que
je dois au voile qui me cou-
vre ; mais je sens encore
mieux ce qu'une longue habi-
tude d'aimer peut sur une a-
me sensible. Je suis emportée
par mon panchant. Mon a-
mour jette le trouble jusqu'au
fond de mon esprit & de ma
volonté. J'écoute un moment
les sentimens de pieté que la
grace m'inspire , & dans un
autre je laisse regner dans
mon imagination tout ce que
ma tendresse a de plus doux.
Je vous dis aujourd'hui tout

ce que j'avois resolu de ne pas
vous dire hier. Je ne voulois
plus vous aimer ; je songeois
que j'avois fait des voeux,
que j'étois voilée, ensevelie,
& comme morte ; Mais du
fond de mon cœur il s'éleve
peu à peu une vapeur qui
surmonte tous ces sentimens,
& qui ofufque ma raison &
ma pieté. Vous regnez dans
des endroits si cachez & si
imperciptibles de ce cœur,
que je ne puis vous y atta-
quer ; & quand je songe à
rompre les nœuds qui m'at-
tachent à vous, je sens que
tous les éforts que je puis faire ne servent qu'à les reserer
davantage. Hé ! par pitié,
aidez une miserable à renon-
cer à ses desirs, à soi-même,
& jusqu'à vous, s'il se peut.
Si vous êtes un Amant, se-
cou-

secourez une Maîtresse : si vous êtes un Pere, consolez une Fille. Ces noms ne sçau-roient-ils vous émouvoir ? Rendez-vous ou à la pitié, ou à l'amour. Si vous le fai-tes, je vais me reconnoître Religieuse, sans plus profa-ner ma vocation. Me voilà prête à m'humilier avec vous devant les richesses de la Pro-vidence de mon Dieu, qui se sert de tout pour nôtre san-ctification, qui par un éfet de sa grace, purifie ce qui é-toit impur dans son principe, qui, par une abondance de misericorde inconcevable & digne de lui seul, nous fait grace presque malgré nous, & nous dessille insen-siblement les yeux pour en-tre-voir tant de bontez que nous ne voulions pas connoî-

E

tre. Je croyois finir : mais
pendant que je suis en querel-
le avec vous, il faut que mon
cœur épanche tous ses soupçons & tous ses reproches.
Ce me fut, je vous l'avoüe,
une chose bien dure de voir
que dans le dessein que nous
avions pris de nous donner à
Dieu, vous m'engageâtes à
le faire avant que vous eus-
siez pris parti vous-même.
Quoi aprehendiez-vous de
voir renouveller en moi l'e-
xemple de la Femme de Lot,
qui regarda derriere elle en
fuyant Sodome ! Si ma jeu-
nesse & mon sexe vous faisoient craindre que je pusse
retourner vers le siecle, mes
manieres, ma fidelité, & ce
cœur que vous deviez con-
noître devoient vous guerir
de toute sortes de soupçons.

Cette prévoyance injuste me toucha insensiblement. Quoi, disois-je, autrefois il étoit assuré de ma simple parole, & il faut à cette heure un Dieu & des vœux pour lui répondre de moi ? Quel sujet lui ai-je donné dans tout le cours de ma vie, qui pût lui faire soupçonner la moindre legereté ? J'aurois pû me trouver à tous ses rendez-vous, & je balancerois à le suivre dans des maisons de sainteté ! Quoi ? moi qui m'étois faite la victime du plaisir pour le satisfaire, j'aurois refusé d'être une holocauste d'honneur pour lui obeïr ! Le vice a-t'il donc tant de charmes pour des ames bien nées, que depuis qu'on a bû dans la coupe des pecheurs on ne puisse prendre qu'à re-

gret le Calice des Saints ? Ou
bien, avez-vous crû vous-même être un meilleur Maître
pour le vice que pour la vertu ? Croyez-vous que je fusse
plus aisée à persuader pour
l'un que pour l'autre ? Non,
ce doute seroit injurieux à
tous les deux. La vertu est
trop belle pour ne pas l'em-
brasser quand vous la décou-
vrez. Tout a des charmes
pour moi, quand vous le
voulez. Rien ne m'est affreux
ni dificile où vous paroissez.
Je ne suis foible que quand
je suis seule, & je ne doute
que lors que vous ne m'éclai-
rez pas. Vous feriez moins
négligent si vous aviez quelque chose à craindre : mais
que pouvez-vous craindre ?
J'en ai trop fait, & c'est aujourd'hui qu'il faut que je

triomphe de vôtre ingratitu-
de. Lors que nous vivions
heureux, vous pouviez douter si c'étoit le plaisir qui me
lioit à vous, plûtôt que l'a-
mitié. Mais, à cette heure,
le lieu d'où je vous écris en
fait la décision. Je vous aime
ici du moins autant que dans
le Siecle. Si j'ûsse aimé la
volupté, lors qu'on attenta
sur vous, je n'avois que
vingt ans. Quel âge, & qu'il
restoit encore d'hommes au
monde pour moi, Abailard
n'y étant plus ? C'est donc
pour l'amour de vous que
dans un âge si convenable à
l'amour, je triomphe de l'a-
mour même en me jettant toute vive dans un Monastere.
C'est à vous que je donne ces
restes de beauté qui flétrit,
par nuits veuves & ces jours

fi longs que je paſſe ſans vous
voir : comme vous n'en pouvez joüir je les reprend de
vous pour les ofrir à Dieu,
& je lui fais un ſecond pre-
ſent de mes jours, de mon
cœur, & de ma vie. Je m'é-
tens peut-être un peu trop
ſur tout ce que je ſoufre pour
vous. On ternit l'éclat d'une
bonne action lors qu'on en
fait ſoi-même le Panegirique.
Il eſt vrai : mais quand on a
afaire à des ingrats, on ne
peut trop parler de ce qu'on
fait pour eux. Si vous étiez
de ce nombre, ce reproche
vous diroit bien des choſes ;
Mais, non, vous n'en êtes
pas. Que devrois-je, helas !
fi vous meritiez ce reproche?
Irreſoluë que je ſuis, je m'a-
perçois que j'aime encore? Je
ne dois neanmois plus rien

esperer. J'ai renoncé à la vie, au monde, & dépoüillée de tout, je sens seulement que je n'ai pas renoncé à Abailard. En perdant mon Amant, je garde avec jalousie mon Amour. Vœux, Monastere, je n'ai pas perdu l'humanité sous vos impitoyables regles. Vous ne m'avez pas fait un marbre en changeant mon habit. Mon cœur ne s'est point endurci en s'aprochant de vous. Je suis encore aussi sensible que jamais à ce que j'ai été. Si c'est blesser vôtre empire que d'en user ainsi, servez-vous de mon Amant pour me remettre sous vôtre obeissance. Vôtre joug me sera leger, si sa main le suporte. Vos exercices me deviendront aimable, s'il veut m'en montrer l'utilité. Re-

traite, Solitude, vous n'avez
rien d'afreux, ſi je puis aprendre que j'aye quelque part
dans ſon ſouvenir. Un cœur
qui a été auſſi touché que le
mien ne ſe détermine pas ſi-
tôt à l'indiference. On haït,
on aime bien des fois , avant
qu'on puiſſe venir à bout d'ê-
tre tranquile ; & l'on ſe fait
toûjours de loin quelque eſ-
perance de n'être pas tout à
fait oubliée. Oüi, Abaïlard,
je te conjure par ces liens que
je traîne ici , d'en relever le
poids. Tu peux me les ren-
dre aimables. Donne-moi des
maximes d'un ſaint amour.
Ne pouvant plus être ton
Epouſe, je fais gloire d'être
celle d'un Dieu. Mon cœur
dédaigneroit tout autre. Fait
moi connoître comment cet
Amour divin s'éleve & ſe purifie

rifie. Quand nous étions tous deux dans le monde, on n'entendoit que tes Chansons, qui aprenoient à tout le monde nos joyes & nos plaisirs. Presentement que nous sommes dans le Port de la grace, n'est-il pas juste de parler avec moi de mon bon-heur, & de m'aprendre ce qui peut l'entretenir ? Ayez pour moi dans l'état où je suis les mêmes complaisances que vous aviez dans ce Siecle. Sans changer de cœur changeons d'objet. En quittant nos Chansons, chantons des Himnes. Elevons nos cœurs à Dieu, & n'ayons de transports communs que pour sa gloire. J'attens cela de vous, Dieu a un droit particulier sur le cœur des grands hommes qu'il a pris plaisir de former. Quand il les touche il les ravit, & fait qu'ils ne parlent & ne respirent plus que lui. Jusqu'à ce que ce moment de grace arive, pensez à moi. Ne m'oubliez pas. Souvenez-vous de ma tendresse, de ma fidelité, de ma constance. Aimez une Maîtresse. Cherissez une Fille, une Sœur, une Epouse. Songez que je vous ai aimé, que je vous aime encore, que je combats pour ne vous plus aimer. Quel mot ! Quel dessein ? Je frissonne, & mon cœur se revolte contre ce que je dis, prêts à l'éfacer. Je finis cette grande Lettre en vous disant, si vous voulez, [& plût à Dieu que je le pûsse,] pour jamais. Adieu.

F I N.

www.ingramcontent.com/pod-product-compliance
Lightning Source LLC
LaVergne TN
LVHW021809170726
843503LV00007B/3108